Domande delle Carte Specchio
Ciò che non Siamo

1 Rabbia:" Di cosa ho rabbia? Io sono la rabbia?

2 Paura:" Di cosa ho paura?   Io sono la paura?

3 Energia sessuale:"Io sono il mio desiderio sessuale?"

4 Mancanza di autostima:"Io sono il mio fallimento?"

5 Tradimento."Chi ho tradito? Io sono il tradimento?"

6 Avidità:"Io sono ciò che posseggo?"

7 Dipendenza:"Io sono, il gioco, la droga, il sesso, la televisione?"

8 Diffidenza:"Che cosa ho paura di scoprire di me stesso?"

9 Fanatismo:"Io uso la conoscenza? o La conoscenza usa me?"

10 Depressione e Ansia:"Io sono la tristezza e l'auto distruzione?"

11 Gelosia:"Io posseggo mio marito, mia moglie e i miei figli?"

12 Invidia:"Io non ho abbastanza, rispetto agli altri?"

13 Odio:"Io non sono amato? Io non sono rispettato?"

14 Abbandono e Rifiuto:"Io sono stato lasciato? Non me lo merito?

15 Solitudine:"Il mondo è crudele? Io sono solo?

16 Povertà e Mancanza:"Io sono povero? Io non me lo posso permettere?

17 Gentilezza:"Credi che la gentilezza sia debolezza?"

18 Compassione:"Cosa potrebbe trattenermi ad essere compassionevole?"

19 La rottura degli schemi:"Io sono i miei attaccamenti?Io sono le mie idee?

20 Vendetta:"Lui o lei mi ha fatto del male? Io gli farei del male?

21 Senso di colpa:"La colpa è tua? La colpa è mia? La colpa è sua?

22 Lamentela:" Che fatica? Che dolore? Che Stanchezza?

23 Carnefice:" Meriti i miei insulti? Meriti una punizione?

24 La vittima:"Capitano tutte a me? Sono tutti contro di me?

25 Giudizio:"Il mondo è ingiusto? Tu sei malvagio?

26 Non essere accettati:" Nessuno mi ascolta? Nessuno mi crede?

27 Auto sabotaggio o auto inganno:" Non sono abbastanza bravo? Non sono capace?

28 Lotta per il potere:"Voglio avere sempre ragione?

29 Manipolazione:"Quale è la bugia più grossa che abbia mai raccontato a un altra persona o a me stesso?

30 Perdono:"Perdonare è una debolezza?

31 Discernimento:"Mi dispiace? Dovrei farlo? Non l'ha fatto apposta?
32 Gratitudine:"Di cosa dovrei essere grato? Hai mai detto grazie?
33 Arrendersi o Accettazione:" La resa è codardia?Arrendersi è da ignavi?

Con coraggio e onestà non mentire a te stesso, leggi la domanda, osserva l'immagine, medita sulla carta, vai in profondità con il respiro consapevole, non ti identificare con ciò che non sei, distacco consapevole è l'impossibile diventa possibile.

Domande delle Carte Uroboros da porre ai Viaggiatori per Superare le Lezioni di Vita Illustrate nelle Caselle del Percorso Verso il Risveglio

La Prima casella rappresenta la vita ordinaria, la cosi detta vita normale, la lotta per sopravvivere, correre a lavoro, la vita frenetica. Vi sarà chiesto:"La vita è per te una linea retta che corre dalla nascita alla morte? Sei convinto di vivere in un mondo normale? Ti sei mai fermato a annusare il profumo dei fiori? Dove stai correndo? Ti sei dimenticato di te stesso? La seconda casella rappresenta il ponte fra scienza e spiritualità, le nuove scoperte biologiche, la fisica quantistica, la teorie delle stringhe, gli infra mondi. Le domande:" Credi nei mondi paralleli o infra mondi? Possiamo modificare il nostro corpo e guarire? Possiamo cocreare con l'universo? Le particelle dell'acqua vengono modificate dai nostri pensieri e emozioni? Siamo osservatori quantici che creano la realtà? L'energia fluisce dove focalizziamo l'attenzione. La terza casella rappresenta la dualità terrena, luce e oscurità, bene e male, che ritornano in equilibrio nell'unità. Vi sarà chiesto:"Esiste il bene e il male? Cosa è la dualità? Oscurità e luce coesistono dentro di noi? Esistono Angeli e Demoni? Quale lezione dobbiamo imparare dal confronto con le polarità terrene? La luce e l'oscurità sono un unica energia nella realtà ultima Divina? La quarta casella rappresenta il pianeta terra come un essere senziente, con cui condividiamo la nostra esperienza di vita, siamo i suoi custodi. Le domande:" Sei responsabile del pianeta terra? Le nostre emozioni e pensieri negativi inquinano il pianeta? Il pianeta terra è un essere senziente con un corpo emotivo-fisico-mentale? Siamo le cellule di questo pianeta? Il pianeta terra evolve in sinergia con noi? La quinta casella rappresenta le relazioni nella vita quotidiana, sul lavoro, a scuola per i più giovani, la nebbia della conoscenza che oscura la nostra visione della realtà. Le domande:" Il datore di lavoro è un dittatore? A scuola sono perseguitato? I miei colleghi sono arrivisti? Competere è normale? Il migliore vince sempre? Lottare per avere ragione è fondamentale? Comprendersi sul lavoro potrebbe farci collaborare amorevolmente? La sesta casella rappresenta la coppia e l'incapacità di comunicare, non vedo, non parlo e non sento. Le domande: "Cosa in me ha causato l'ostilità nella coppia?

Ogni fraintendimento può essere chiarito se apriamo il cuore? L'uomo è egoista? La donna ha la mania del controllo in famiglia? Di chi è la colpa? Possiamo crescere e evolvere insieme comprendendoci? La settima casella rappresenta il primo risveglio, un attimo intuitivo nel qui e ora. che ti apre la porta verso la coscienza, ciò che sei, la coscienza che diventa consapevole di se stessa. Vi sarà chiesto di porvi queste domande:"Chi sono io? Quale è lo scopo della mia esistenza? Sono corpo-mente? Sono coscienza? Sono le mie emozioni? Per quale motivo sono sulla terra? Io sono il mio corpo-mente-emozioni? Io sono l'essenza? Io sono ciò che non si può definire? Io sono la vita stessa? Io sono il silenzio e lo spazio senza pensieri? Io sono la vita stessa? Io sono il silenzio e lo spazio senza pensieri?" L'ottava casella rappresenta la nostra immaginazione creativa che attiva la legge di attrazione o di risonanza. Le domande:"Posso creare la mia realtà? I pensieri diventano cose? Attraggo persone o cose con cui vado in risonanza? Ciò in cui credo viene manifestato nella realtà? Sono una calamita che attrae ciò che è interiormente? La nona casella raffigura i casi di premorte testimonianze di esseri umani che hanno lasciato il corpo fisico e poi sono ritornati. Le domande:" Credi nella vita dopo la morte? Credi che siamo tutti parte di una coscienza unificata? Credi nella reincarnazione? Credi nei corpi sottili e astrali? Credi che ritroverai dopo la morte i tuoi amici e familiari? La decima casella rappresenta la transizione della mente al cuore, la nuova energia, il nuovo paradigma. Le domande:" Il cuore ha una sua intelligenza? Il cuore è un trasmettitore elettromagnetico 5000 volte più forte del cervello? La mente è uno strumento meraviglioso se collabora con il cuore? Il cuore può comunicare con l'universo? Cuore e mente in sinergia è la sfida del ventunesimo secolo? L'undicesima casella rappresenta l'ego, il falso io creato dall'identificazione con la mente, con il suo senso di importanza collegati al ruolo, allo status quo, ai beni materiali. "Le domande: Nella tua mente c'è un entità che si finge te? Tu sei i tuoi pensieri? Tu sei la tua automobile? Tu sei il tuo lavoro? Tu sei ciò che pensano gli altri? Il tuo valore è condizionato dal tuo successo nella vita? Tu sei la tua casa? La dodicesima casella rappresenta il mondo come uno specchio, il mondo ci rimanda indietro ciò che noi proiettiamo, non siamo vittime del mondo ma creatori consapevoli. Ti senti vittima dell'esistenza? Sei consapevole di essere un creatore? Ciò che giudichi nel mondo lo hai creato tu? Il mondo è uno specchio? Sei consapevole al 100% di ciò che attrai nella situazione di vita? La tredicesima casella rappresenta la matrix sociale, le corporazioni, i media, le banche, le multinazionali, gli illuminati, rettiliani,

1% che detiene il potere economico e politico nel mondo. Le domande:"
Esiste la Matrix? Esistono esseri di altre dimensioni che dominano il
mondo? I rettiliani si nutrono di paura? Chi ha il potere ci domina con la
disinformazione? Siamo programmati a credere alle menzogne che con la
falsa istruzione ci inculcano dalla pubertà all'adolescenza? La
quattordicesima casella raffigura la reciprocità, non fare agli altri ciò che
non vorresti che gli altri facessero a te. Le domande:" Amo me stesso e
accetto me stesso incondizionatamente? Amo il mio prossimo come me
stesso? Vedo gli altri separati da me? Siamo tutti interconnessi? Gli alberi
e gli animali sono nostri fratelli? La quindicesima casella rappresenta il
Karma delle vite precedenti, parallele o istantanee, le lezioni che in altre
vite non abbiamo superato, quindi vengono riproposte in questa attuale
vita per superarle e evolvere. Evolviamo di vita in vita? Le vite coesistono
nel qui e ora istantaneamente? I tuoi attuali familiari sono legati a te dal
Karma? Hai compreso quale è la lezione che devi superare nella tua vita?
Sei un essere multidimensionale? La sedicesima casella rappresenta il
subconscio familiare, i traumi e i conflitti con i fratelli e genitori, da
perdonare e lasciare andare. Le domande:"I miei genitori sono responsabili
della mia sofferenza interiore? I miei familiari sono una lezione di vita da
superare? I miei genitori sono il frutto dell'addomesticamento dei nonni e
degli antenati? I nostri familiari sono lo specchio di ciò che non accettiamo
di noi stessi? Sono tutti innocenti, siamo vittime di vittime? La
diciassettesima casella rappresenta rappresenta le amicizie, le
incomprensioni, l'ideale di amicizia che proiettiamo sugli altri che
condiziona i nostri rapporti sociali. Le domande:" L'amicizia è
condizionata a una mia credenza o attaccamento? La vera amicizia è amore
incondizionato? Cosa proietto sugli amici? L'amico è colui che quando
tutti escono dalla stanza rimane, ad aspettarti? Esiste l'amicizia tra uomo e
donna? La diciottesima casella raffigura noi stessi, siamo messaggeri
d'amore o di paura, cosa proiettiamo nel mondo. Le domande:" Di cosa mi
nutro giornalmente di miele o di spazzatura? Cosa proietto nel mondo
paura o amore? Creo pensieri positivi? Sono responsabile con i miei
pensieri negativi di causare danni all'intera umanità? Esiste una mente
collettiva? La diciannovesima casella rappresenta il subconscio, dove sono
memorizzate il 95% delle memorie da quelle traumatiche a quelle positive.
Vi sarà chiesto:"Sei consapevole di essere cosciente solo del 5% della
realtà? Quello che sei dentro crea il modo esterno? Il subconscio crea
anche se non sei consapevole delle memorie contenute in esso? Il
subconscio ti puoi auto sabotare? Come puoi resettare e trasmutare i

traumi subconsci che ti impediscono di evolvere? La ventesima casella rappresenta il corpo di dolore emotivo, l'ombra scura nella tua aura che hai creato inconsapevolmente con la tua sofferenza non osservata. Poniti queste domande:"Io sono il mio dolore? La colpa della mia sofferenza è dei genitori? La colpa della mia mancanza di autostima è della società e della scuola? Vorrei farla pagare a tutti? Non sono il mio dolore posso osservarlo? Chi è l'osservatore? La ventunesima è la vita reattiva, inconsapevole, apatica, la lotta per la sopravvivenza, non ci poniamo nessuna domanda. La ventiduesima è l'ultima casella, non è il traguardo, ma un nuovo inizio, poiché il viaggio evolutivo dell'anima è infinito, godiamoci il viaggio. Domande:"Sei un essere che evolve nel viaggio? Quale esperienza hai fatto nel viaggio? Hai amato e accettato te stesso incondizionatamente? Hai amato la vita? Hai rispettato la natura? Hai aiutato te stesso e di conseguenza gli altri? Hai reso il mondo un posto migliore?

Domande Gioco

Partenza – casella Il dormiente (0)

Il dormiente non fa domande e non cerca risposte, sopravvive in automatico.

Domanda 1
Per me la vita è una linea retta?

a) 9 no, tutto avviene in un istante
b) 3 si, dalla nascita alla morte
c) 5 si e ciclicamente si ripresentano gli stessi eventi
d) 7 no, probabilmente è circolare

Domanda 1
Sono convinto di vivere in un mondo normale?

a) 9 la realtà non è reale
b) 3 no, la nostra vita è completamente folle
c) 5 si, vivo in un mondo normale
d) 7 si, credo che la realtà vada oltre ciò che vediamo

Domanda 1
Mi sono mai fermato ad annusare il profumo dei fiori?

a) 9 si ed è meraviglio cogliere quell'attimo
b) 3 no, non posso perdere tempo
c) 5 mi piacerebbe, ma purtroppo ho troppi impegni
d) 7 si, apprezzo le piccole cose

Domanda 1
Dove sto correndo?

a) 9 seguo i miei ritmi naturali, agisco senza frenesia
b) 3 nel lavoro contano i risultati quindi corro
c) 5 tutti gli impegni mi impediscono di avere tempo per me
d) 7 sto rallentando per avere tempo libero per me stesso

Domanda 1

Mi sono dimenticato di me stesso?

a) 9 no, vivo il presente ed in ogni attimo ritrovo me stesso
b) 3 non ho tempo, per poter pensare a me stesso
c) 5 no, perchè provo a ritagliarmi sempre degli spazi
d) 7 no, almeno due volte la settimana li dedico a me stesso

Domanda 2
Credo nei mondi paralleli o inframondi?

a) 5 credo in un al di là, ma non in altre dimensioni parallele
b) 7 no, ma sono incuriosito da queste informazioni
c) 9 si, ci credo al 100%
d) 3 no ed è impossibile che esistono, ci sarebbe già stato un contatto o se ne sarebbe parlato in TV

Domanda 2
Posso modificare il nostro corpo e guarire?

c) 5 ne ho sentito parlare, ma credo più nell'uso dei farmaci
b) 7 penso sia possibile
c) 9 si, guarire riprogrammando il DNA, cambiando le nostre credenze
d) 3 noi umani non siamo in grado di auto guarirci

Domanda 2
Posso partecipare alla creazione con l'Energia Universale?

a) 5 ne parla la fisica quantistica ma è un'utopia
b) 7 forse si, ma non ho prove tangibili
c) 9 sì, intuisco che siamo cocreatori
d) 3 subiamo la realtà che non è modificabile

Domanda 2
Le particelle dell'acqua vengono modificate dai miei pensieri?

a) 5 non sono informato sull'argomento
b) 7 si, è probabile, ma dovrei farne esperienza diretta
c) 9 sì, le forme pensiero modificano le particelle d'acqua
d) 3 no, non penso di avere questo potere

Domanda 2
Sono un osservatore quantico che crea la realtà?

a) 5 non so, vorrei informarmi sull'argomento
b) 7 si, credo sia possibile
c) 9 si, l'osservazione cambia l'onda in particella
d) 3 no e non ci credo

Domanda 2
L'energia fluisce dove focalizziamo l'attenzione?

a) 5 credo che solo chi è evoluto spiritualmente può farlo
b) 7 si, ma molte volte sottovaluto questo aspetto della realtà
c) 9 si, focalizzando la mia attenzione lì fluisce l'energia
d) 3 no, il focus non può creare la realtà

Domanda 3
Esistono il bene e il male?

a) 3 certo, esiste il bene ed il male
b) 5 è difficile credere che il male e il bene non siano separati
c) 9 non esiste la separazione tra bene e male, sono la stessa energia
d) 7 non esiste differenza, è solo una separazione illusoria

Domanda 3
Cos'è la dualità?

a) 3 non mi sono mai posto questa domanda, per me è tutto separato
b) 5 è la separazione tra me e gli altri
c) 9 è il conflitto tra l'anima e l'ego che separa tutto
d) 7 è solo un concetto, nella realtà ultima siamo uno

Domanda 3
Oscurità e luce coesistono dentro di me?

a) 3 no, oscurità e luce sono esterne a me
b) 5 si, ma se sento emergere il mio lato oscuro lo reprimo
c) 9 si, sono opposti che coesistono e si uniscono in un'unica energia
d) 7 si, entrambe necessarie, la dualità è evolutiva

Domanda 3
Esistono angeli e demoni?

a) 3 non saprei, le religioni dicono che esistono
b) 5 non credo in niente
c) 9 si, sono le due facce della stessa medaglia
d) 7 no, sono credenze religiose

Domanda 3
Quale lezione devo imparare dal confronto con gli opposti?

a) 3 nessuna, non c'è una diretta correlazione
b) 5 nessuna lezione: ciò che accade in vita è casuale
c) 9 imparare a riconoscerli per capire di ritornare all'Unità
d) 7 non so, non me lo sono ancora chiesto, ma vorrei approfondire
l'argomento

Domanda 4
Sono responsabile del pianeta Terra?

a) 7 si, la Terra è la nostra casa, va protetta
b) 3 no, non sono responsabile, sono le multinazionali che inquinano
c) 9 si, la Terra è mia Madre, va amata e rispettata
d) 5 nel mio piccolo rispetto la natura

Domanda 4
Le mie emozioni e i pensieri negativi inquinano il pianeta?

a) 7 si, ma credo che il pianeta sia un essere vivente con la capacità
di auto-rigenerarsi
b) 3 no e dubito che la Terra abbia bisogno dei miei pensieri positivi
c) 9 si, il Pianeta Terra è formato anche da tutti noi esseri umani, i
pensieri negativi lo inquinanto
d) 5 no, non credo per niente in questa fantasticheria

Domanda 4
Il pianeta Terra è un essere senziente con un corpo emotivo-fisico-mentale?

a) 7 sinceramente non ci avevo pensato, ma è possibile
b) 3 non credo che la Terra abbia intelligenza e cuore
c) 9 si, il pianeta è un essere senziente
d) 5 si, ma credo che il pianeta sia un essere vivente con la capacità di auto-rigenerarsi

Domanda 4
Sono una cellule di questo pianeta?

a) 7 si, in parte lo siamo perchè deriviamo dalle scimmie
b) 3 no, siamo entità separate e autonome dalla terra
c) 9 si, lo sono
d) 5 forse siamo uniti al pianeta

Domanda 4
Il pianeta Terra evolve in sinergia con noi?

a) 7 si, l'azione umana ha un forte impatto sulla terra
b) 3 no, ho sempre considerato le due entità separate
d) 9 noi siamo parte integrante del pianeta terra, un'unica anima
c) 5 no, non è possibile, la Terra evolve da sola

Domanda 5
Il datore di lavoro è un dittatore?

a) 3 si, molti datori di lavoro pensano che i dipendenti siano loro proprietà
b) 7 no, molti hanno rispetto, ma vogliono imporre la propria autorità
c) 5 si, molti perseguitano, ed è per questo che bisogna farsi rispettare
d) 9 no, sento sempre più spesso che c'è collaborazione tra datore di lavoro e dipendenti

Domanda 5
A scuola ero/sono perseguitato?

a) 3 si, gli insegnanti ce l'hanno sempre avuta con me
b) 7 no, non ho avuto nessun problema
c) 5 si, ho dovuto proteggermi dagli insegnanti e compagni
d) 9 no, ho vissuto un rapporto di rispetto con i professori

Domanda 5
I miei colleghi sono arrivisti?

a) 3 si, potrebbero vendere la loro madre per far carriera
b) 7 no, vogliono solo migliorare la propria posizione lavorativa
c) 5 si, ma la colpa è dei datori di lavoro che ci istigano alla competizione
d) 9 no, abbiamo compreso che cooperare crea benessere per tutti

Domanda 5
Competere è normale?

a) 3 si, chi si impegna di più, merita di più
b) 7 no, la competizione porta alla distruzione
c) 5 si, una sana competizione può far crescere
d) 9 no, solo la collaborazione è creativa e costruttiva

Domanda 5

Il migliore vince sempre?

a) 3 certo, è ovvio
b) 7 non si possono fare classifiche sugli esseri umani
c) 5 no, il migliore è sempre solo
d) 9 non esiste migliore o peggiore, ma collaborazione

Domanda 5

Lottare per aver ragione è fondamentale?

a) 3 si, imporre la propria opinione è normale, tutti fanno così
b) 7 no, la lotta è sempre distruttiva e non ci sono ne vincitori e ne vinti
c) 5 no, il conflitto è negativo
d) 9, no, solo la collaborazione e la condivisione, senza lottare per il potere

Domanda 5

Comprendersi sul lavoro potrebbe farci collaborare con rispetto e fiducia reciproca?

a) 3 no, i colleghi sono iene e non ne val la pena
b) 7 si, dovremmo assolutamente provaci
c) 5 si, io ci provo, ma ricevo sempre schiaffi morali
d) 9 si, la competizione distrugge, la comprensione costruisce

Domanda 6

Cos'è che in me ha causato ostilità nella coppia?

a) 7 il non accettare i difetti miei e del partner
b) 5 credo che siamo diventati troppo diversi, non ci capiamo più
c) 9 non ho conflitti o ostilità verso la persona che amo
d) 3 l'incomprensione è dovuta ad uno stress esterno, tutto passerà

Domanda 6
Ogni fraintendimento può esser chiarito se apriamo il cuore?

a) 7 si, io ci provo, ma non ricevo risposte positive
b) 5 no, il conflitto è utile a risolvere le incomprensioni
c) 9 si, amare incondizionatamente risolve tutto e ripulisce i dubbi
dentro di noi
d) 3 no, il mio partner è duro, sembra non abbia cuore

Domanda 6
L'uomo (maschile) è egoista?

a) 7 no, ma spesso si comporta come se lo fosse
b) 5 si, è proprio la mentalità maschilista che ha danneggiato la
coppia
c) 9 no, solo una visione distorta della realtà;
d) 3 si, è la sua natura

Domanda 6
La donna ha la mania del controllo in famiglia?

a) 7 non credo, ma se lo fosse sarebbe una delle programmazioni
familiari da resettare
b) 5 si, visto che la maggior parte si comporta così
c) 9 assolutamente no; la donna ha un ruolo fondamentale in
famiglia che svolge al meglio delle sue capacità
d) 3 si, è normale perchè è un retaggio ancestrale

Domanda 6
Se ti viene detto: "di chi è colpa?" cosa rispondi?

a) 7 che la responsabilità è da ambo due le parti
b) 5 mia! sono responsabile al 100%
c) 9 di nessuno, la colpa non esiste
d) 3 che la colpa è sicuramente sua

Domanda 6
Possiamo crescere ed evolvere insieme comprendendoci?

a) 7 si, possiamo fare un percorso insieme per evolvere
b) 5 no, è un percorso molto impegnativo difficilmente possibile
c) 9 si, rispettando e accettando la diversità dell'altro
d) 3 no, il percorso non può procedere sullo stesso binario

Domanda 7
Quale è lo scopo della mia esistenza?

a) 3 in questo mondo sofferente non esiste uno scopo
b) 7 mettere a servizio del mondo i miei talenti
c) 9 rendere il mondo un posto migliore
d) 5 avere un lavoro, una famiglia, sopravvivere

Domanda 7
Chi sono io?

a) 3 sono quello che vedo: corpo e mente, non credo nell'anima
b) 7 non so, ma riconosco che non sono corpo-mente-emozioni
c) 9 sono lo spazio fra i pensieri
d) 5 sono quello che penso e le emozioni che provo

Domanda 7
Io sono l'anima?

a) 3 no, sono quello che vedo: corpo e mente
b) 7 si, sento di essere Anima
c) 9 si, in un attimo intuitivo comprendo di essere lei
d) 5 si, ma vivendo in un mondo frenetico e materiale dimentico di esserlo

Domanda 7
Io sono un essere limitato e definito?

a) 3 ovvio, limitato nel corpo e nelle funzioni
b) 7 la mia vita come la vita degli altri esseri umani è un mistero
c) 9 no, essendo Anima sono indefinibile
d) 5 penso che l'uomo abbia grandi potenzialità ancora inespresse

Domanda 7
Io sono la vita stessa?

a) 3 non siamo niente, sono solo un mammifero evoluto
b) 7 si, la vita sperimenta se stessa anche attraverso di me
c) 9 si, sono manifestazione della vita in forma umana
d) 5 no, sono un essere insignificante che vive in un mondo caotico

Domanda 7
Ho mai sperimentato il silenzio e lo spazio senza pensiero?

a) 3 no, sono solo un essere umano che lotta con i suoi pensieri
b) 7 sì, e nel silenzio interiore ritrovo me stesso
c) 9 io sono anche il silenzio e lo spazio senza pensieri
d) 5 no, mi piacerebbe, ma non so come fare

Domanda 8
Posso creare la mia realtà?

a) 5 si, ma solo con il duro lavoro
b) 9 si, creo la mia realtà ogni giorno
c) 3 no, non creiamo niente: è solo questione di casualità
d) 7 sento di avere questo potere, ma non so come manifestarlo

Domanda 8
Ciò che immagino, si manifesta nella realtà?

a) 5 non ne sono convinto
b) 9 si, l'immaginazione diventa realtà
c) 3 no, queste fantasticherie sono per i creduloni ingenui
d) 7 credo nel potere creativo, ma non ho visto manifestarsi niente

Domanda 8
Attraggo persone o cose con cui vado in risonanza?

a) 5 no, credo di attrarre situazioni in base al mio atteggiamento o comportamento
b) 9 si, ne sono convinto: il simile attrae il simile
c) 3 no, tutto accade per caso
d) 7 sento questa verità dentro, ma non riesco a riconoscerla

Domanda 8
Ciò in cui credo viene manifestato nella realtà?

a) 5 no, non è così, le credenze mentali sono limitanti
b) 9 l'esterno è la proiezione di ciò che è dentro di noi
c) 3 non credo assolutamente
d) 7 ciò che sentiamo dentro si manifesta fuori di noi

Domanda 8
Sono una calamita che attrae ciò che è interiormente?
a) 5 dubito di esserlo
b) 9 si, sicuramente attraggo ciò che ho dentro
c) 3 no, non attraggo niente è soltanto una casualità fortunata o sfortunata
d) 7 si, le nostre credenze attraggono ciò che accade nella realtà

Domanda 9
Credo nella vita dopo la morte?

a) 9 sento dentro di me la certezza dell'immortalità
b) 5 non giudico chi crede in un aldilà, ma non riesco a crederci
c) 3 dubito che esista la vita dopo la morte
d) 7 non ho prove, ma voglio crederci

Domanda 9
Credo che siamo tutti parte di una coscienza unificata?
a) 9 si, tutto ciò che si manifesta proviene da un Unica Coscienza
b) 5 no, osservando la realtà esterna mi sembra un'utopia.
c) 3 no, osservando tutti i conflitti tra esseri umani è impossibile
d) 7 sì, sento che lo siamo

Domanda 9
Credo nella reincarnazione?

a) 9 assolutamente si
b) 5 non ci credo, sono cattolico e credo in una sola vita
c) 3 no, questa è l'unica vita che finirà con la morte
d) 7 ho la sensazione di essere vissuto in altre vite

Domanda 9
Credo nei corpi sottili e astrali?

a) 9 si, perché ho fatto esperienza diretta dei corpi sottili
b) 5 ne parlano molti gruppi esoterici , ma non ci credo
c) 3 no, sono proiezioni mentali, auto suggestione
d) 7 non ne ho avuto esperienza diretta, ma ci credo

Domanda 9
Ritroverò dopo la morte i miei amici e familiari?

a) 9 si, siamo in un percorso evolutivo comune
b) 5 non credo in questa possibilità, anche se credo nella vita dopo la morte
c) 3 no, perché non esiste niente dopo la morte
d) 7 no, ognuno segue cammini diversi

Domanda 10
Il cuore ha una sua intelligenza?

a) 5 no, il cuore è solo emozioni e sentimenti
b) 3 non credo che il cuore possa essere intelligente
c) 7 si, la scienza documenta che nel cuore ci sono i neuroni
d) 9 sì, oltre alle emozioni sento che il cuore ha una sua intelligenza

Domanda 10
Il cuore è un trasmettitore elettromagnetico 5000 volte più forte del cervello?

a) 5 non ne sono a conoscenza, ma vorrei crederci
b) 3 no, lo dicono gli scienziati pazzi
c) 7 si, ora abbiamo le prove scientifiche, chissà
d) 9 si, sento che il cuore è il canale dell'amore

Domanda 10
La mente è uno strumento meraviglioso se collabora con il cuore?

a) 5 no, solo il cuore ci rende essere umani
b) 3 non credo, e dubito che io possa riuscire a farli collaborare
c) 7 si, ma il cuore si fida troppo e la mente diffida
d) 9 si, l'intento della mente unito al sentire del cuore è evolutivo

Domanda 10
Il cuore può comunicare con la Coscienza Universale?

a) 5 non credo che sia possibile per chiunque
b) 3 no, l'uomo non può comunicare con l'universo
c) 7 si, anche la scienza propone nuove teorie quantiche
d) 9 si, il sentire del cuore comunica con l'universo

Domanda 10
Cuore e mente in sinergia è la sfida evolutiva del 21° secolo?

a) 5 non credo, vedo che sta prevalendo la mente logica nel mondo
b) 3 è un'utopia, l'uomo da sempre segue la mente
c) 7 si, penso sia da sempre la sfida umana
d) 9 si, mente e cuore insieme cambiano il mondo

Domanda 11
Nella mia mente c'è un'entità che si finge me?

a) 3 no, è una domanda assurda: nessuna entità è presente in me
b) 9 ovvio, c'è l'ego che si finge me
c) 7 sento delle voci dentro di me che giudicano e mi dicono cosa fare
d) 5 non so, ma alle volte mi accade di perdere il controllo

Domanda 11
Io sono i miei pensieri?

a) 3 no, semmai sono la mente razionale che controlla i miei pensieri
b) 9 io sono l'osservatore dei pensieri
c) 7 no, i pensieri sono autonomi a prescindere dalla mia volontà
d) 5 si ovvio, io sono ciò che penso *("penso quindi sono")*

Domanda 11
Mi identifico con la mia automobile?

a) 3 direi di si: una macchina di lusso eleva la mia sicurezza
b) 9 quello che mi definisce è la mia ricchezza interiore
c) 7 no, è un mezzo utile per muovermi
d) 5 in parte si, perché simboleggia il mio successo economico e
sociale

Domanda 11
Mi identifico con il mio lavoro?

a) 3 sì, perchè credo di non poterne fare a meno
b) 9 no, sono consapevole che è solo un ruolo
c) 7 no, ma riconosco che il lavoro mi condiziona
d) 5 si, mi dà moltissime soddisfazioni e da senso alla mia vita.

Domanda 11
Mi identifico in ciò che pensano gli altri?

a) 3 si, le opinioni degli altri mi fanno sentire importante
b) 9 gli altri sono un ottimo strumento di crescita
c) 7 no, e le opinioni degli altri non mi condizionano
d) 5 no, ma soffro quando vengo giudicato dagli altri

Domanda 11
Il mio valore è condizionato dal successo che ho nella vita?

a) 3 si, senza successo la vita non avrebbe senso
b) 9 no, ho compreso che è un inganno della mente
c) 7 si, quando creo il bene comune
d) 5 si, è molto importante, eleva la mia auto stima

Domanda 11
Mi identifico con la mia casa?

a) 3 si, avere una casa di lusso mi gratifica agli occhi di tutti
b) 9 si, la casa è un luogo sacro che va onorato
c) 7 la mia casa è un rifugio
d) 5 io sono la mia casa

Domanda 12
Mi sento vittima dell'esistenza?

a) 7 no, non sono vittima del mondo
b) 5 si, sono vittima di questo mondo disonesto
c) 3 si, perché tutti mi vogliono far male
d) 9 accetto con fiducia le sfide giornaliere

Domanda 12
Sono consapevole di essere un creatore?

a) 7 si, le coincidenze mi fanno capire che lo sono
b) 5 no, ma mi piacerebbe essere un creatore
c) 3 è un'utopia, l'essere umano subisce la realtà
d) 9 si, sono il creatore della mia realtà

Domanda 12
Ciò che giudico nel mondo l'ho creato io?

a) 7 si, "Non giudicare o sarai giudicato" predicava il Cristo
b) 5 no, ma pensare di creare il male nel mondo mi terrorizza
c) 3 non sono responsabile di ciò che accade nel mondo
d) 9 non giudico e sono responsabile al 100%

Domanda 12
Il mondo è uno specchio?

a) 7 ho la sensazione che ciò che invio ricevo
b) 5 no, non mi rispecchio in ciò che esterno a me
c) 3 no, lo specchio come intende la domanda non esiste
d) 9 si, il mondo è un riflesso di me

Domanda 12
Sono consapevole di ciò che attraggo nella mia vita?

a) 7 non riesco ad accettarlo, ma attraggo tutto io
b) 5 non dipende da me, ma dal caso e dagli eventi fortuiti e non
c) 3 no, non sono mica una calamita!
d) 9 certo, attraggo tutto io

Domanda 13
Esiste la matrix?

a) 7 si, ne sono convinto ma non vedo via d'uscita da essa
b) 9 si, esiste, osservo e la vedo ovunque
c) 5 no, ma percepisco un mondo manipolato
d) 3 no, è una teoria del complotto, non reale

Domanda 13
Esistono esseri di altre dimensioni che dominano il mondo?

a) 7 si è possibile che esistano
b) 9 sì, esistono, li ho visti
c) 5 sento che esistono e ci manipolano
d) 3 è una favola inventata

Domanda 13
I rettiliani si nutrono di paura?

a) 7 si, è il loro cibo preferito la paura
b) 9 si e ogni volta che non ci amiamo, li nutriamo
c) 5 probabilmente sì, visto il caos nel mondo
d) 3 i rettiliani non esistono, questa è un'altra teoria del complotto

Domanda 13
Chi ha il potere ci domina con la disinformazione?

a) 7 si, la televisione con telegiornali e talk show
b) 9 si, la pubblicità con messaggi subliminali
c) 5 no, credo che siano tutte teorie inventate
d) 3 siamo in democrazia, siamo liberi e non mi faccio dominare

Domanda 13
Sono programmato fin dall'adolescenza a credere nell'istruzione scolastica?

a) 7 si, tutti i testi scolastici sono pieni di false informazioni
b) 9 si, dobbiamo disimparare
c) 5 si, temo che sia così ma non so cosa fare
d) 3 la scuola è un mezzo evolutivo

Domanda 14
Amo me stesso e accetto me stesso incondizionatamente?

a) 9 si, mi amo e mi accetto incondizionatamente
b) 7 è difficile amarsi e accettarsi
c) 3 mi tratto male, è più forte di me
d) 5 non riesco ad amarmi e accettarmi

Domanda 14
Amo il prossimo mio come me stesso?

a) 9 gli altri sono lo specchio che riflette parti di me stesso
b) 7 mi sforzo ad amare il mio prossimo, ma giudico
c) 3 vorrei vivere su una montagna isolato
d) 5 amo poco me stesso, figuriamoci gli altri.

Domanda 14
Vedo gli altri separati da me?

a) 9 siamo tutti gocce d'acqua di un unico oceano
b) 7 nel profondo della mia anima sento che siamo uniti
c) 3 certo, sono separato dagli altri
d) 5 riesco a sentire l'unità solo con alcune persone

Domanda 14
Siamo tutti interconnessi ?

a) 9 si, siamo tutti interconnessi
b) 7 si lo siamo, poiché condividiamo lo stesso pianeta
c) 3 non lo siamo, poiché tutti fanno i loro interessi egoistici
d) 5 si lo siamo, poiché condividiamo lo stesso pianeta

Domanda 14
Gli alberi e gli animali sono miei fratelli?

a) 9 si sono fratelli minori che vanno protetti
b) 7 si vanno rispettati
c) 3 non sono nostri fratelli, ci servono da nutrimento e utilità
d) 5 si, ma penso che l'uomo sia più evoluto

Domanda 15
Evolvo di vita in vita?

a) 5 no, ho solo questa vita e non va sprecata
b) 9 si, evolvo in migliaia di vite
c) 7 si ed è la conferma della nostra immortalità
d) 3 non credo in questa teoria evoluzionista

Domande 15
Le vite coesistono nel presente istantaneamente?

a) 5 non credo, mi piacerebbe comunque informarmi
b) 9 si, ho fatto esperienza diretta nei sogni lucidi
c) 7 si, esistono, i fisici quantistici lo hanno dimostrato
d) 3 non esistono, sono solo teorie

Domanda 15
I miei attuali familiari sono legati a me dal karma?

a) 5 no, ognuno ha la sua realtà da affrontare
b) 9 si, la mia famiglia è un legame karmico
c) 7 è possibile, percepisco la ciclicità degli eventi ripetitivi
d) 3 ho dei forti dubbi, tutto per me è casuale

Domanda 15
Ho compreso qual'è la lezione che devo superare nella mia vita?

a) 5 non vedo lezioni, ma l'esperienza insegna
b) 9 si, la vita è come una scuola, mi insegna ad amare me stesso e
gli altri
c) 7 si, ma non riesco a superare l'ostacolo
d) 3 no, non c'è nessuna lezione di vita, tutto accade con casualità

Domanda 15
Sono un essere che istantaneamente vive in varie dimensioni?

a) 5 no, i film di fantascienza ci hanno influenzato
b) 9 si, sento in attimi intuitivi di essere ovunque istantaneamente
c) 7 mi è difficile crederlo, ma vorrei informarmi
d) 3 no, siamo solo esseri di carne e ossa limitati nella materia

Domanda 16
I miei genitori sono responsabili della mia sofferenza interiore?

a) 3 si, sono responsabili e dovrebbero farsi psicanalizzare
b) 7 no, non sono colpevoli, volevano il meglio per me
c) 5 si, sono responsabili, mi hanno danneggiato
d) 9 no, nessuno è responsabile

Domanda 16
I miei familiari sono una lezione di vita da superare?

a) 3 no, abbiamo destini diversi
b) 7 sì, ci fanno riflettere e crescere
c) 5 no, sono un esempio; devo tutto a loro
d) 9 si, è una lezione che ci fa evolvere insieme rispettandoci a vicenda

Domanda 16
I miei genitori sono il frutto del condizionamento dei nonni e degli antenati?

a) 3 si, le colpe dei padri ricadranno sui figli
b) 7 si, sono stati condizionati dai nonni
c) 5 no, sono individualità distinte dagli antenati
d) 9 è un programma familiare che si ripete

Domanda 16
I miei familiari sono lo specchio di ciò che non accetto di me stesso?

a) 3 no, sono tutte stupidaggini
b) 7 non è facile ammetterlo, ma temo sia così
c) 5 no, sono diverso e non riconosco me stesso in loro
d) 9 si, sono il nostro riflesso, ciò che non amiamo di noi stessi

Domanda 16
I miei genitori sono innocenti inconsapevoli e sono solo vittime di vittime?

a) 3 non sono innocenti, ma persone ignoranti
b) 7 si, vittime inconsapevoli che creano altre vittime
c) 5 no, senza assumersi la responsabilità continueranno a sbagliare
d) 9 "chi è senza peccato scagli la prima pietra"

Domanda 17
L'amicizia è condizionata da una mia credenza o attaccamento?

a) 7 si, è amore condizionato dal comportamento altrui
b) 9 no, la vera amicizia è amore incondizionato
c) 3 no, gli amici sono falsi come il mondo in cui viviamo
d) 5 si, è condizionata dalle mie credenze

Domanda 17
La vera amicizia è amore incondizionato?

a) 7 si, ma è difficile metterlo in pratica
b) 9 si, la vera amicizia è amore incondizionato
c) 3 è impossibile per gli esseri umani essere puri di cuore
d) 5 sì, è un bellissimo valore l'amicizia, ma è un'utopia

Domanda 17
Cosa proietto sugli amici?

a) 7 il mio ideale di amicizia
b) 9 non ho aspettative, accetto tutti come sono
c) 3 l'amore per me stesso
d) 5 la rabbia e la frustrazione

Domanda 17
L'amico è colui che quando tutti escono dalla "stanza" rimane ad aspettarmi?

a) 7 se è un vero amico non scapperà
b) 9 si mi aiuta se mi vede in difficoltà
c) 3 l'amicizia non esiste
d) 5 no, nessuno rimane quando ne ho bisogno

Domanda 17
Esiste l'amicizia tra uomo e donna?

a) 7 si, certo che esistenza
b) 9 sì, quando si comunica tra cuore e cuore
c) 3 solo in teoria, poi subentra l'attrazione
d) 5 in questo mondo caotico viene fraintesa

Domanda 18
Di cosa mi nutro giornalmente, di "miele" o "spazzatura"?

a) 3 mi nutro ogni giorno di rabbia, paura e conflitti
b) 5 mi nutro di odio per non soccombere al mondo
c) 9 dei pensieri e di parole d'amore che creo
d) 7 vorrei nutrirmi d'amore, ma cado nel negativismo

Domanda 18
Cosa proietto nel mondo, paura o amore?

a) 3 dipende dal mio stato d'animo
b) 5 non è semplice provare amore verso l'oscurità del mondo
c) 9 ogni giorno proietto amore
d) 7 ho paura ma cerco di proiettare amore

Domanda 18
Creo pensieri positivi?

a) 3 in questo mondo caotico è impossibile pensare positivo
b) 5 non riesco ad avere pensieri positivi
c) 9 mi focalizzo su pensieri di gratitudine e positività
d) 7 mi impegno ogni giorno, ma ricado nella negatività

Domanda 18
La mia paura danneggia l'umanità?

a) 3 no, è impossibile che le mie paure danneggiano l'umanità
b) 5 dubito di questa storiella sui pensieri negativi sia vera
c) 9 si, sono responsabile delle emozioni che esterno
d) 7 si, il pensiero negativo è energia, può influenzare il mondo

Domanda 18
Esiste una mente collettiva?

a) 3 no, non esiste, siamo diversi per cultura e per razza
b) 5 dubito dell'esistenza della mente collettiva
c) 9 si esiste l'anima mundi, un'unica forma pensiero creata da noi
d) 7 forse sì, percepisco un filo sottile che ci unisce

Domanda 19
Sono consapevole di essere cosciente solo del 5% della realtà?

a) 9 si, sono consapevole di essere "cieco e sordo"
b) 7 si e sicuramente quel restante 95% è un mistero
c) 5 a volte mi accorgo che ho una visione distorta della realtà
d) 3 no, la realtà che vedo è il 100%

Domanda 19
Quello che ho dentro di me crea il mondo esterno?

a) 9 si, l'interno è esterno
b) 7 mi accorgo che alle volte ciò che sento dentro crea la realtà
c) 5 non saprei nessuno me ne ha parlato
d) 3 no, la realtà è indipendente da me

Domanda 19
Il subconscio crea la realtà anche se non ne sono consapevole?

a) 9 si è vero, è il programma subconscio che crea la realtà che vedo
b) 7 si, comprendo ma dubito che possa creare la realtà
c) 5 il subconscio è irrazionale, non può creare la realtà
d) 3 no, io sono consapevole di tutto

Domanda 19
Il subconscio mi può auto sabotare?

a) 9 si, i traumi emergono auto sabotandomi
b) 7 no, pur credendo in me stesso mi accade che mi auto saboto
c) 5 dubito su questo auto sabotaggio
d) 3 non è possibile che ci si auto sabotiamo

Domanda 19
Come posso resettare e trasmutare i traumi subconsci che mi impediscono di evolvere?

a) 9 auto osservandomi con coraggio e onestà, senza giudizio
b) 7 con la meditazione e la preghiera
c) 5 posso farmi aiutare da un operatore olistico
d) 3 no, impossibile resettare, gli esseri umani soffrono

Domanda 20
Mi identifico con il mio dolore?

a) 5 la sofferenza fa parte del nostro essere
b) 9 osservo la mia sofferenza con distacco
c) 3 certo, piango e soffro, sprofondo nel dolore
d) 7 vorrei non essere il dolore, ma ne vengo sopraffatto

Domanda 20
La colpa della mia sofferenza è memorizzata nelle mie cellule?

a) 5 si ed i miei antenati sono colpevoli di ciò
b) 9 si, ma posso smettere di soffrire perdonando me ed i miei antenati
c) 3 no, non credo proprio
d) 7 si, sono memorizzate nel mio DNA che eredito

Domanda 20
La colpa della mia mancanza di autostima è della società e della scuola?

a) 5 è inutile scaricare la colpa sulla scuola e la società
b) 9 no, sono io responsabile al 100% di tutto
c) 3 la scuola e la società hanno danneggiato la mia l'autostima
d) 7 inventariare e giudicare la scuola, non risolve la mia autostima

Domanda 20
Vorrei farla pagare a tutti?

a) 5 soffro, vorrei vendicarmi con coloro che mi hanno fatto soffrire
b) 9 la sofferenza e la delusione sono dolorose, nessuno è colpevole
c) 3 il mondo è colpevole, voglio farla pagare a tutti
d) 7 no, ho fatto del male a me stesso, perdono me stesso

Domanda 20
Posso osservare il mio dolore?

a) 5 non osservo il dolore, preferisco nasconderlo dentro di me
b) 9 si, osservo il dolore e so che non mi appartiene
c) 3 no, se sto male non posso osservarmi
d) 7 sì, il dolore è un'entità che ho creato, l'osservo

Domanda 20
Chi è l'osservatore?

a) 5 quello che percepisce la realtà
b) 9 io sono l'osservatore e l'osservato: non c'è separazione
c) 3 non lo so
d) 7 chi osserva distaccato la realtà

Il Viandante (21)

Chi arriva a questa tappa del viaggio intuisce, l'anima sa!

Sei un essere che evolve nel viaggio?	Si!
Hai fatto esperienza nel viaggio?	Si!
Hai amato e accettato te stesso incondizionatamente?	Si!
Hai aiutato te stesso e di conseguenza gli altri?	Si!
Hai reso il mondo un posto migliore?	Si!

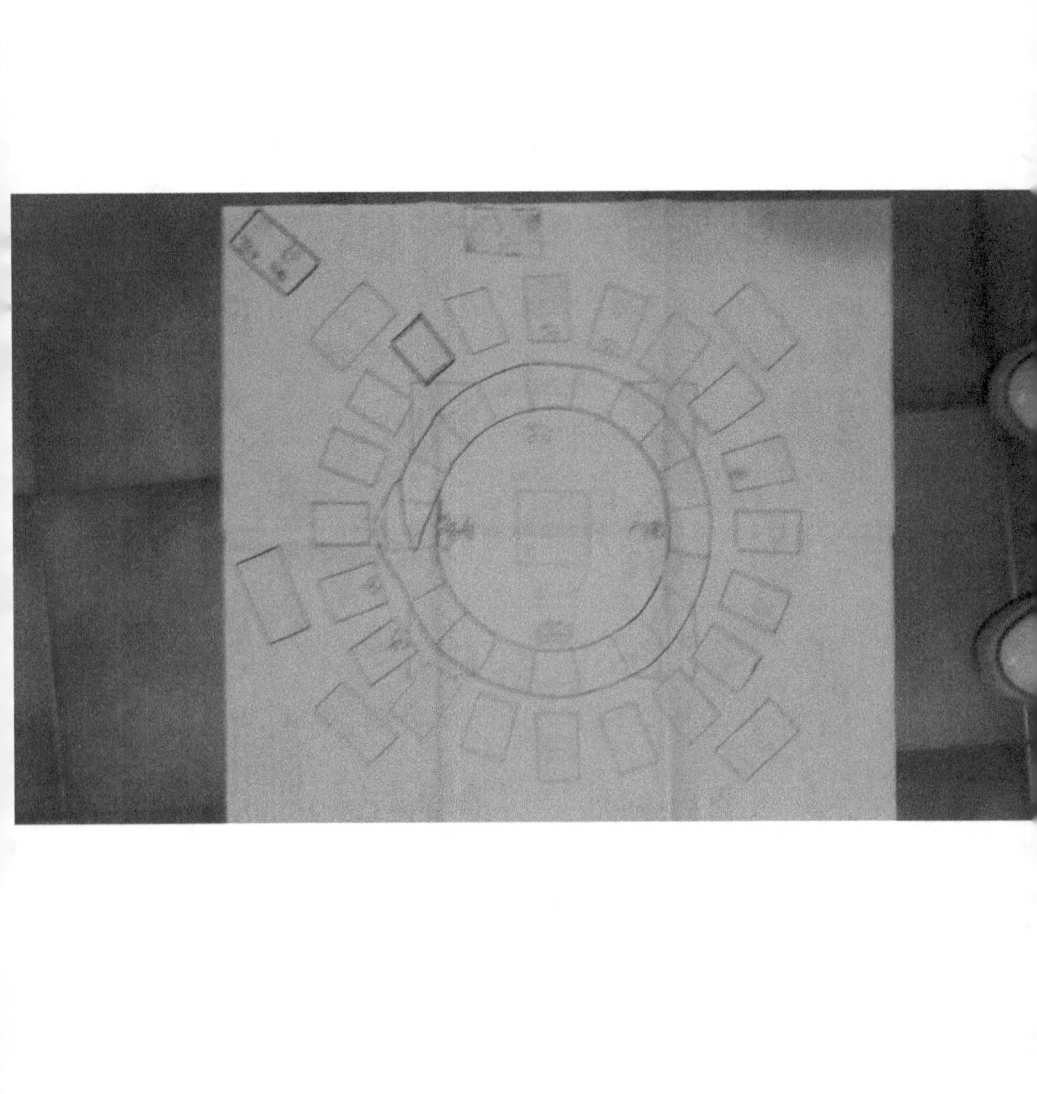

Niente di Personale
Ciò che non siamo.
(Gioco per identificare il vero Sè)

Introduzione

In questi anni ho messo in pratica molti metodi spirituali efficaci che aiutano il risveglio, ma questi metodi sono molto impegnativi, richiedono tempo libero e un livello di presenza avanzato. Una società come la nostra dominata dal tempo psicologico, dall'ansia, dalle preoccupazioni e dalla paura, allontana molti esseri umani dal percorso di risveglio e dalle pratiche spirituali. Ho compreso che se ci prendiamo meno sul serio, se riprendiamo a essere gioiosi come lo eravamo da bambini, i risultati sono molto veloci. Ho intuito questo gioco che stimola la nostra auto osservazione e ci rende consapevoli divertendoci in gruppo, ridendo di noi stessi, smantellando l'importanza personale. I pensieri e l'emozioni sono autonomi non dipendono dalla nostra volontà, 11 milioni di informazioni in bit al secondo attraversano la nostra mente e il nostro corpo, da tutte queste informazioni soltanto 40 bit al secondo vengono decodificati consapevolmente dalla mente-corpo, il 95% delle informazioni sono sotto il livello cosciente o subconscio. Domanda: L'essere umano è autocosciente? Oppure è un mammifero che si identifica con un percorso neurale programmato nella prima infanzia? Ci identifichiamo con concetti, pensieri, emozioni, ruoli, maschere che abbiamo creato noi? L'ego è un fantasma, è l'identificazione con pensieri ed emozioni che non sono nostri, ma programmati dal mondo inconsapevole in cui siamo nati; questi pensieri si muovono in autonomia in percorsi neurali prestabiliti nel nostro cervello, dentro i neuroni, le cellule e il Dna. Nella personalità ci sono frammentazioni di io, di ciò che la famiglia, l'ambiente, la scuola, la società e le informazioni di massa ci hanno addomesticato a credere siano verità assoluta. Giocando e ridendo con questo gioco di gruppo, evolviamo, lasciamo andare le credenze, gli attaccamenti e le resistenze, riprogrammando il nostro computer biologico, diventiamo consapevoli di ciò che non siamo. Uniamo le nostre vibrazioni, cocreiamo un mondo gioioso e ritorniamo all'unità originaria. Il gioco ha un energia propria, soltanto osservarlo e percepirlo crea un cambiamento energetico vibrazionale nei nostri quattro corpi (emotivo-fisico-mentale-spirituale); il gioco è costituito da simboli, numeri, immagini, che stimoleranno il nostro subconscio a lavorare a nostro favore, liberandoci dai blocchi energetici, dalle forme pensiero e dalle emozioni che ci impediscono di comunicare con la nostra vera essenza.

Percorso Alchemico e sintesi del Gioco

Il gioco Niente di Personale è un viaggio iniziatico, la grande opera degli antichi alchimisti (Nigredo, Albedo, Rubedo) in versione moderna, nel percorso iniziatico sono presenti tutti i passaggi della grande opera (Magnum Opus). Il Nigredo (opera a nero, il piombo) la disgregazione dei misti, ovvero dei vari io autonomi, collegati agli schemi mentali, agli attaccamenti e alle emozioni, noi creiamo un testimone, un osservatore esterno, che non giudica ma osservando disgrega le memorie programmate nelle nostre cellule e nel Dna che sono cristallizzate dall'infanzia. L'Albedo (opera a bianco, l'argento) è la creazione di un io centrato, integro e responsabile, che osserva con distacco i vari aspetti della nostra personalità, che emergono alla luce della consapevolezza, che osserviamo nello specchio del mondo e nelle nostre relazioni, noi siamo i testimoni che osservando lo specchio esterno vedono dentro di sé le emozioni basse e le trasmutano in emozioni elevate (Es: la rabbia in compassione). Il Rubedo (opera a rosso, l'oro) spiritualizzazione della materia, gli opposti si uniscono, il maschile e il femminile diventano uno, non c'è più separazione, siamo presenti nel qui e ora connessi alla sorgente universale, non c'è più separazione, siamo uno con tutto ciò che esiste. Il gioco in sintesi serve ad identificare ciò che non siamo, l'Ego (il falso io) che si finge noi. Il percorso è circolare e rappresenta il cielo, simboleggia il serpente alchemico Uroboros, il ciclo infinito di incarnazioni dell'anima, il ciclo di morte e rinascite. Il serpente stesso, in forma circolare, è posizionato nel quadrato che rappresenta la materia densa terrena: abbiamo quindi la cosiddetta "quadratura del cerchio", ovvero l'unione tra terra e cielo. Ci sono 22 caselle o lezioni di vita che il ricercatore spirituale deve percorrere, due caselle sono esterne al percorso circolare, la numero 1 e la numero 22, per ogni casella ci sarà una carta corrispondente con delle domande attinenti alla lezione evolutiva ed una carta di risposte; in base alle risposte (a, b, c, d), si avrà un punteggio evolutivo, così definito per dare un punto di osservazione alla vostra consapevolezza attuale.I punteggi associati alle risposte sono 3-5-7-9: tre è il punteggio più basso e nove è il punteggio più alto. La casella numero 1 è il dormiente la vita reattiva ed apatica, la lotta per la sopravvivenza; questa è la partenza dei viaggiatori. Il viaggio evolutivo dell'anima, inizierà, come primo passo, con l'estrazione di una carta degli elementi (terra, aria, fuoco, acqua) ed a seguire verrà lanciato il dado, tra i quattro disponibili, corrispondente all'elemento estratto. Il viaggiatore posizionerà quindi la pedina sulla casella del settore elemento (terra, aria, fuoco, acqua), corrispondente al

numero del dado uscito. Gli altri viaggiatori, in senso orario, seguiranno la stessa procedura (carta e dado, carta e dado). Il primo giocatore ad iniziare è posizionato ad Est. *Casella Bonus*. Se entriamo nella casella 14, oltre a rappresentare la reciprocità e l'amore incondizionato, inizieremo la prova della risata: il viaggiatore racconterà una storia realmente accaduta ridendo di sé stesso per un minuto, ironizzando sulla vicenda e smontando l'importanza personale dell'ego. Se lanciando il dado entriamo in una delle caselle specchio che si trovano ai quattro angoli del quadrato, ovvero:
- caselle specchio dell'elemento acqua: corpo di dolore e vita ordinaria;
- caselle specchio elemento terra: relazioni e incomunicabilità di coppia;
- caselle specchio elemento aria: mente e cuore, ego (falso io);
- caselle specchio elemento fuoco: karma e subconscio familiare.

Risponderemo prima, come per le altre caselle, alla domanda della lezione di vita, poi   prenderemo una carta specchio con un'immagine ed una domanda, mediteremo sul quesito stesso e sul riflesso della personalità che è emerso osservando l'immagine sulla carta stessa, ricordandoci che è ciò che non siamo. Per aiutare la meditazione, sosteremo per un turno nella casella specchio; ogni volta che saremo attratti su una di queste caselle, ci verranno "donati" -3 punti. Il gioco si concluderà quando tutti i giocatori avranno estratto 13 carte dei 4 elementi e lanciato il dado 13 volte. Nella casella 22 riuscirà ad arrivare solo chi avrà superato le prove evolutive e avrà quindi raggiunto un punteggio più alto. La casella 22 simboleggia il viandante: non è il traguardo ma un susseguirsi di nuovi inizi, l'eterno viaggio dell'anima che impara sperimentando se stessa durante il viaggio. In questo gioco lo scopo non è vincere ma uscire dall'inconsapevolezza, osservarsi, disgregare le resistenze e le credenze della personalità, divenire consapevoli di ciò che non siamo; infatti il gioco continua a lavorare dentro di noi anche mentre torneremo a casa o andremo a dormire dopo aver giocato: la vostra anima vi ringrazierà.

Le Caselle Evolutive

La prima casella del percorso è la nr. 1. Simboleggia il mondo esterno, il mondo ordinario, la cosiddetta normalità; nella carta sarà raffigurata una città, con le persone che corrono verso il lavoro, come automi senza consapevolezza. La casella nr. 2 rappresenta la nuova scienza, il ponte tra scienza e spiritualità; ne sono un esempio lo studio dell'acqua e come reagisce ai sentimenti d'amore o odio (cristallizzazione), la fisica quantistica e la teoria delle stringhe, i mondi paralleli o inframondi; è raffigurata da un immagine dell'universo cosciente e partecipativo, dove siamo tutti osservatori quantici che creano la realtà. La casella nr. 3 descrive l'immagine della luce e dell'oscurità che si uniscono nell'amore, con la domanda: "Esiste il bene e il male?" E' il confronto con la dualità, per ricordarsi di tornare all'unità. La casella nr. 4 rappresenta il pianeta terra intossicato dallo smog e veleni, che ci chiede aiuto; l'immagine sarà duplice: prima pieno di smog che tossisce e poi sorridente, purificato che gioisce con tutti gli esseri, la nuova terra. La casella nr. 5, rappresenta le relazioni sul lavoro o a scuola per i più giovani; viene raffigurata dalla nebbia, è la falsa conoscenza che avvolge tutti gli esseri che non vedono e non comprendono cosa fanno. La casella nr. 6 rappresenta le relazioni, la coppia, ed è raffigurata da due esseri che non riescono a comunicare, con la bocca tappata, con gli occhi bendati e con le orecchie chiuse. Nella casella nr. 7 è disegnato un essere con due volti di uomo e di donna sotto una luce radiante che attraversa il corpo dal chakra della corona al chakra della radice; la casella simboleggia il primo risveglio, l'inizio della ricerca di se stessi, sulla casella ci sarà scritta la domanda: "Chi sono io?". La casella nr. 8 raffigura i nostri sogni e la nostra immaginazione creativa che attiva la legge di attrazione e di risonanza. La casella nr. 9 rappresenta le testimonianze dei casi di premorte; è raffigurata da un'immagine olografica della coscienza che lascia il corpo fisico. La casella nr. 10 rappresenta il passaggio evolutivo dalla mente al cuore, l'immagine raffigura il cervello che abbraccia il cuore, il nuovo paradigma a servizio dell'anima. La casella nr. 11 rappresenta l'ego con il suo status quo, sarà raffigurato dalla casa, l'automobile, il ruolo, il fallimento, il successo, i vestiti, dalla dipendenza, dall'importanza personale. La casella nr. 12 simboleggia uno specchio a forma di pianeta terra dove viene riflesso il nostro volto; l'illustrazione rappresenta che l'esterno è creato dal nostro interno, questa sarà la frase sulla carta "Non siamo vittime del mondo ma creatori responsabili".

La casella nr. 13 rappresenta la Matrix sociale dove siamo intrappolati, rappresentato dai rettiliani, le corporazioni, la globalizzazione e la disinformazione. La casella nr. 14 rappresenta la reciprocità, non fare agli altri ciò che non vorresti che gli altri facessero a te, rappresentato da due esseri umani che si abbracciano ed intorno a loro la natura che li avvolge con amore. La casella nr. 15 simboleggia il Karma, le vite precedenti, parallele o istantanee; è raffigurato un essere multidimensionale con l'estensione dei vari ologrammi di vita. La casella nr. 16 rappresenta la famiglia terrena, il subconscio familiare, da perdonare e lasciare andare, sarà raffigurata dai vari membri della famiglia che litigano, i loro corpi sottili emotivi che vanno in corto circuito. La casella nr. 17 rappresenta le amicizie, l'amore condizionato che separa le persone che hanno aspettative dagli altri, le proiezioni del proprio ideale che non corrispondono alla realtà dell'altro, raffigurato da un proiettore che esce dalla testa di un essere umano. La casella nr. 18 rappresenta noi stessi e quello che introduciamo nel mondo: paura o amore. E' la scelta, raffigurata dall'osservatore consapevole che guarda il mondo. La casella nr. 19 simboleggia il mondo interiore (subconscio) che con il suo 95% di memorie crea inconsapevolmente la spfferenza, ed è raffigurato da due bambini uno ride e l'altro piange. La casella nr. 20 simboleggia il corpo di dolore emotivo; l'immagine raffigura un'ombra scura nell'aura di un essere umano, con le frasi "non sono bravo", "sono incapace", "gli e la farò pagare al mondo intero per avermi fatto soffrire".

I dadi magici, le carte dei quattro elementi e le pedine

Per avanzare da una casella all'altra abbiamo bisogno dei dadi e delle pedine; ogni dado avrà il colore dell'elemento associato e sarà numerato come le caselle dello stesso elento (terra: da 2 a 6; aria: da 7 a 11; fuoco: da 12 a 16; acqua: da 17 a 21). Come già illustrato in precedenza, prima di lanciare il dado estraiamo la carta dei quattro elementi che serve a connetterci all'elemento (acqua terra aria fuoco) e alle casella collegate all'elemento. Le pedine con cui giocheremo sono 7: una clessidra rossa, una spirale arancione, una stella gialla a 5 punte, un cuore verde, un mandala azzurro, uno fiore di loto bianco e indaco ed infine il simbolo dello Ying e Yang bianco e violetto. Abbiamo così anche i sette colori dei chakra.

Le Carte Specchio che Raffigurano la Frammentazione del Ego (Falso Io)

Le carte specchio verranno estratte quando il viaggiatore capiterà (non a caso) in una delle otto caselle suddivise ai quattro angoli del quadrato, due per ogni elemento; verrà estratta una carta con un'immagine ed una domanda, mediterà su di essa sostando per un turno, verranno detratti 3 punti: non è una penalità ma un dono evolutivo. Ogni carta rappresenterà un lato oscuro o nascosto della nostra personalità, di ciò che non siamo:la carta della rabbia con l'immagine di due persone che urlano l'una contro l'altra;la carta della paura, con l'immagine di un incubo proiettato da un essere umano nella realtà;la carta dell'energia sessuale, rappresentata dalla passione che viene confusa con il vero amore;la carta della mancanza di autostima, che rappresenta un essere umano che evita di dedicarsi alle sue passioni per paura di fallire;a carta del tradimento, con immagine inerente ad essa;la carta dell'avidità, rappresentata dall'esagerato attaccamento ai bei materiali; la carta della dipendenza, sia alle sostanze (droghe, alcol, sesso), sia alla dipendenza da persone e oggetti;la carta della diffidenza, che rappresenta un essere che guarda da lontano i suoi simili poiché a paura di essere danneggiato da loro; la carta del fanatismo, l'eccessivo

attaccamento alla conoscenza ed al credo religioso, raffigurato da un terrorista che con la violenza impone il suo credo al mondo;
-la carta della depressione e dell'ansia, rappresentata dall'immagine dell'auto-distruzione; la carta della gelosia con immagine relativa a essa; la carta dell'invidia, rappresentata da un essere che crede di non avere abbastanza, guarda la televisione e ha le convulsioni quando vede i vip.
- la carta dell'odio con relativa immagine
- la carta dell'abbandono e del rifiuto, con relative immagini;
- la carta della solitudine, con relative immagini;
- la carta della povertà e della mancanza, che ammala le persone che
    ritengono di non meritare il meglio per se stesse, con relativa immagine;
- la carta della gentilezza e della compassione verso noi stessi che impariamo
    dagli errori;
- la carta della rottura degli schemi mentali;
- la carta della vendetta;
- la carta del senso di colpa;
- la carta della lamentela;
- la carta del carnefice;
- la carta della vittima;
- la carta del giudizio;
- la carta dell'auto-sabotaggio ed auto-inganno o zona di comfort;
- la carta della lotta per il potere: avere ragione a tutti i costi;
- la carta della manipolazione, verso se stessi e gli altri;
- la carta della gratitudine;
- la carta dell'accettazione o resa;
- la carta del perdono;
- la carta del discernimento;
- la carta del lasciare andare.

Ogni carta avrà la sua immagine e la sua domanda per auto osservarsi.

Prontuario di informazioni sui Doni dei quattro elementi.

Questo prontuario informativo, serve a renderci consapevoli dei quattro elementi e dei loro doni. In ogni casella ci verrà posta una domanda evolutiva, collegata alla casella corrispondente e al dado magico dei quattro elementi (terra, aria, fuoco e acqua). La terra che rappresenta il corpo fisico, il nutrimento che va dall'interno verso l'esterno, i doni della terra sono:" Il radicamento, costruire nuove radici e nuove fondamenta per l'essere, il nutrimento, seminare semi d'amore per il nuovo essere che sta nascendo, l'amore incondizionato per noi stessi nutre la nuova pianta.

Il sostegno della chiara percezione dell'aria ci aiuta a costruire le seguenti strutture."Pazienza, compassione, l'attitudine al "ce la faccio!", incoraggiamento, amore, accettazione, uno spazio protetto, senso dello humour. Collegarsi all'elemento fuoco significa purificare e lasciare andare il passato per abbracciare il momento presente, purificazione interiore e la giusta azione. Le strutture emotive da purificare: paura, essere sulla difensiva, non ammettere di avere torto, pigrizia, iper-emotività, proiezioni, mancanza di equilibrio (eccessiva autostima o poca autostima). L'ultimo elemento è l'elemento acqua è caratterizzato dall'apertura, ogni emozione ed ogni reazione ci insegna qualcosa di nuovo se saremo osservatori consapevoli. L'acqua costruisce le seguenti qualità: "Amare ed accettare tutti gli aspetti di noi stessi compreso il bambino che dentro di noi piange o si arrabbia, trovare la sorgente del dolore, da dove si è originato, pazienza, accoglienza, gratitudine, sentire, abbracciare la parte di voi sofferente. Gesti quotidiani che ci nutrono e ci radicano: giocare con un animale domestico, fare passeggiata nella natura, prendersi cura di una pianta, leggere libri spirituali, rimanere in silenzio, cantare e ballare.

VITRIOL

Visita. Interiora. Terrae. Rectificando Invenies. Occultum. Lapidem

(Visita l'interno della terra, operando con rettitudine, troverai la pietra nascosta)

Lo Svolgimento Pratico del Gioco

I viaggiatori posizioneranno il piano di gioco a nord; il gioco sarà provvisto di una bussola. Il nord rappresenta la stella polare che per migliaia di anni è stato il punto di riferimento dei grandi esploratori dei mari e degli oceani, ha un significato iniziatico, una guida energetica da seguire, ed è connesso con l'elemento terra. Uroboros, il serpente sacro, è il cerchio iniziatico dove si svolge il viaggio interiore; nel centro abbiamo disegnato un quadrato dove dovranno essere collocati; i simboli del maschile e del femminile (dalla dualità all'unità) il matrimonio alchemico sacro. *"Così in basso così in alto" (Ermete Trismegisto).*

I Viaggiatori iniziano il viaggio dalla casella nr. 1 che simboleggia lo stato dormiente. Inizierà il giocatore che sarà seduto ad Est del piano di gioco, con l'estrazione della prima carta dei quattro elementi (terra, aria, fuoco, acqua). Dopo aver estratto la carta che ha attratto, il primo viaggiatore lancia il dado corrispondente a quell'elemento, posizionando quindi la propria pedina sulla casella del settore (terra, aria, fuoco, acqua), corrispondente al numero del dado uscito. Gli altri viaggiatori, in senso orario, seguiranno la stessa procedura (carta e dado, carta e dado). In corrispondenza di ciascuna casella, saranno posizionate le "Carte Domanda" a cui il viaggiatore dovrà rispondere. Ogni domanda sarà connessa alla casella e all'elemento stesso; in base alla risposta (a, b, c, d) si avrà un punteggio che verrà annotato su un apposito block notes. Se lanciando il dado andiamo (in risonanza) in un delle otto caselle specchio, sosteremo per un turno e avremo il "dono" di -3 punti, risponderemo alla domanda connessa alla lezione di vita della casella Uroboros e a seguire estrarremo la carta specchio che ci aiuterà a osservare un lato nascosto della nostra personalità, meditando sulla domanda e sull'immagine della carta, nel silenzio interiore per un turno e trasmutando il blocco emotivo. Se invece lanciando il dado fluiamo nella casella 14 che simboleggia la legge universale di reciprocità, avremo un bonus di +10 punti; oltre al bonus rilanceremo nuovamente il dado, dopo la prova trasmutatrice della risata, ironizzando su se stessi, raccontando una storia realmente vissuta, ridendo di sé: la risata smonta l'importanza personale disgregando l'ego. *Nota: se il viaggiatore si rifiutasse di sostenere la prova della risata avrà il dono di capire il suo blocco,* quindi saranno assegnati *-10 punti e si fermerà per un turno.* Il gioco si conclude quando ogni viaggiatore avrà lanciato il dado 13 volte; se gli ultimi due viaggiatori sosteranno nelle caselle specchio, il dado sarà lanciato senza sostare un turno. A fine gioco verranno sommati i punti acquisiti nel percorso evolutivo, che daranno un focus interiore su ciò che il viaggiatore dovrà osservare e trasmutare. Se il viaggiatore avrà totalizzato dagli 101 ai 117 punti sarà proiettato nella casella 22 che simboleggia l'inizio e la fine del viaggio; non sarà il traguardo ma un eterno divenire, la consapevolezza acquisita servirà al viandante per proseguire il viaggio ed avere gli strumenti necessari per evolvere a un livello di vibrazione più elevato. Lo scopo del gioco non è quindi vincere arrivando all'ultima casella, ma uscire dall'inconsapevolezza, capire che non c'è niente di personale in ciò che accade nell'esperienza di vita, comprendere ciò che non siamo, che l'interno crea l'esterno, per vivere una vita connessa allo spirito, aprire la porta alle infinite possibilità che ogni essere umano ha come potenziale, per esprimerle nella propria esperienza di vita con la creatività e le intuizioni. Quando termineremo il viaggio dopo le tredici estrazioni delle carte elemento, i tredici lanci di dado e le varie prove superate, torneremo alla quotidianità, ma tutto ciò che è occultato nel nostro subconscio emergerà nelle ore e nei giorni a venire, ne diventeremo consapevoli, riacquisteremo il nostro potere, lasciando andare il passato e vivendo nel qui e ora.

Buon viaggio...

www.ingramcontent.com/pod-product-compliance
Lightning Source LLC
Chambersburg PA
CBHW070342290526
45791CB00003B/1432